An tAmharc Deireannach ¦ The Last Look

Tiomnaím an leabhar seo do mo mhuintir

Colette Ní Ghallchóir

An tAmharc Deireanach ¦ The Last Look

selected and introduced by Cathal Ó Searcaigh

ARLEN HOUSE

An tAmharc Deireannach ¦ *The Last Look*

is published in 2014 by/Foilsithe i 2014 ag
ARLEN HOUSE
42 Grange Abbey Road
Baldoyle
Dublin 13
Ireland
Fón/Facs: 00 353 86 8207617
Ríomhphost: arlenhouse@gmail.com
arlenhouse.blogspot.com

International distribution/Dáileoirí idirnáisiúnta
SYRACUSE UNIVERSITY PRESS
621 Skytop Road, Suite 110
Syracuse, NY 13244–5290
Fón: 315–443–5534/Facs: 315–443–5545
Ríomhphost: supress@syr.edu
www.syracuseuniversitypress.syr.edu

978–1–85132–102–5, hardback/crua
978–1–85132–103–2, softback/bog

Clóchur ¦ Arlen House
Priontáil ¦ Brunswick Press
Ealaín ¦ Caitlín Ní Ghallchóir

Tá Arlen House buíoch de
Chlár na Leabhar Gaeilge
agus d'Fhoras na Gaeilge

Foras na Gaeilge

Contents ¦ Clár

A Bealach Féin!

Tá seanchleachtadh againn ar dhánta atá ag titim chun boilg le meáchan na bhfocal, dánta atá chomh beathaithe sin nach bhfuil bogadh iontu; iad tromshiúlach ar a gcosa agus anásta ina n-aigne. Ní thuig sin a rá faoi dhánta Cholette Ní Ghallchóir.

Tá cosúlacht mhaith orthu, iad ligthe, láidir lúth; lán na beilte de bhrí iontu. Tá siad tógtha aici ar chothú cothrom, caint chraicneach úd na clúide atá léithe ó dhúchas. Tuigeann sí fósta nach bhfuil a dhath níos fearr le h-iad a aclú ná anáil úr na gcnoc a thabhairt daofa ó bhruach Loch Finne go barr Chnoc Leitreach. Tá a méar ag Colette ar chuisle bheo na teanga agus tá sí ábalta, nuair is gá, síneadh na héigse a bhaint as caint na treibhe.

Is aoibhinn liom an dóigh a n-aimsíonn sí a cuid rithimí i rith nádúrtha na cainte. Cúis iontais an dóigh a mbaineann sí ceol as canúint na coitiantachta. As caint atá snoite, tomhaiste, meáite, fáisceann sí a leithéid seo de dhán gleoite.

Ní thig leo mé a chloí,
ní thig.
Brisfidh mé amach
mar fhéar ar thuí,
mar bhiolar ag fás ar chlasán,
nó,dála an ghabhair bhradaigh,
íosfaidh mé an féar glas
ar bharr na Screige go foill.

Sin filíocht. Sin an teanga ag caint linn i gceol. Thar cháilíocht ar bith eile atá aici-agus ní ar an bheagán atá sí ina cuid buanna-tá sé de mhianach inti a cló is a ceol glé, Gallchóireach féin a chuir ar dhán na Gaeilge.

Thainig Colette Ní Ghallchóir ar an tsaol i nGleann Mór na nGleanntaí thuas ansin ar amharc na gCruach. Ceantar mór ceoil agus seanchais a bhí ann agus í ag teacht i meadaíocht. Teach airneáil agus aíochta, teach cuideachta agus ceoil a bhí i dtigh a máthair mhór, áit ar chaith Colette cuid mhaith de thús a saoil. Ba ghnáth le Johnny Doherty, an fidileoir iomráiteach, ruaig a thabhairt ar an teach agus é ar a bhealach na gCruach. Bhíodh oíche go maidin acu ar ocáid den chineál sin. Is maith is cuimhneach le Colette agus í ina girseach bheag ar a leabaidh, ag éisteacht le gleo na gcomharsan agus iad uilig faoi lán seoil an cheoil ar urlár na cistine.

Bhí an mháthair mhór ina taca maith ag an teaghlach agus bhí Colette an-gheanúil uirthí. Chothaigh an lao cois na bó mar adeir an seanrá. I dtaca le Colette de ní raibh suíomh ar an tsaol inchurtha le Gleann á dúchais. B'fhacthas dithe agus í ina páiste gur áit uasal álainn a bhí ann, Gleann aoibhinn na coille glaise.

Faraoir thainig an t-athrach go tobann. Nuair a bhí sí i gceann a deich mbliana d'aois baineadh dá cothrom í nuair a bhog an teaghlach ó Ghleann glas a hóige go Gaothdobhair. Chan ionann agus an Gleann cluthair a d'fhág sí ina diaidh bhí Gaothdobhair rite go maith agus a aghaidh ar bhéal fíochmhar na farraige móire. Chomh fada agus a bhain sé le Colette athrú tubaisteach a bhí ann agus ní dheachaigh sé chun bisigh dithe. Ghoin sé an beo innti. D'fhág an chaill sin faoi chuing na cumha í ariamh ó shoin.

As an goin chléibh sin a thig go leor dá cuid filíochta.

Nuair a chuirfidh sibh mise
sa ghainimh mhín sin,
ní chloisfidh mise
fuaim an aigéin mhóir
ag lapadáil fá Ghabhla,

ach glór binn an Abhainn Fhia
ag crónán sa Ghleann.

Ba de bhunadh Ghaothdobhair a hathair, ba ann a bhí a thalamh agus a bheatha is ní raibh dul ar ais i ndán daofa. Rinneadh an bheatha bhog i gColette a bhearnú agus í beag agus ní raibh a hathrach le déanamh aici ach mairstean ar an lom.

Cé nár bhog sí ach suas agus anuas ar na daichead míle atá an Gleann Mór go Gaothdobhair, bhí an t-achar bealaigh i bhfad Éireann níos faide na sin i dtuigbheáil na girsigh óig. Bhí sé chomh deoranta ag Colette is dá dtéadh sí chun na coigchríche.

Agus go fiú inniu agus í ina bean dhéanta mothaíonn sí go fóill gur ar deoraíocht atá sí. Cuireann sí Sínéad Nic Mhonagail i gcuimhne domh, bean eile a tógadh in ucht na gCruach is a chum ceann de na dánta deoraíochta is binne sa teanga. Níor bhog sise ach deich mile slí ón baile dúchais nuair a phós sí ach ba chaillteach an t-achar é. Agus ba leor é mar spreagadh le 'Ceol Loch Aoidh' a chur aisti:

Is iomaí lá breá fada chaith mé ansin ar bheagán buartha,
is is iomaí lá breá fada a chaith mé ansin ag déanamh uabhair;
ag seoladh na mbó breac amach fríd ghleanntáin deas na luachra
i ndiaidh bheith sa loch ó theas na gréine ag iarraidh fuaruidh.

Seo an áit ar oil mo mhuintir mé nuair a bhí mé tréith-lag baoideach;
sin an áit ar cuireadh a chodhladh mé le ceoltaibh binne Gaedhilg';
seo an áit i mbím anois i bhfad ar shiúil ag déanamh uaignis,
ag smaoi'tiughadh ar mo bhunadh 'tá na gcodhladh ins an uaigh ghlais'.

Tá cuisle chaointe na deoraíochta ag rith go tréan i bhfilíocht Cholette Ní Ghallchóir. Tá an crá, an t-uaigneas, an chumhaidh a mhothaíonn an té atá ar fán sa tsaol le fáil ar fud an tsaothair seo.

Chan aon iontas go bhfuil lé ar leith aici le Seosamh Mac Grianna agus fonn uirthi fósta a ghabháil a bealach féin. Tá sé doiligh, dár ndóighe, éalú ó chuing an tsaoil; na bacanna shoisialta a shárú, laincisí teaghlaigh a bhriseadh, imeacht amach i mbéal an uaignis, a bheith saor ón treibh agus ó dhlíthe na treibhe. Sin an cruachás a raibh Mac Grianna ann. Sin an cruachás a bhfuil Ni Ghallchóir ann agus a fhágann í ina h-idirghabhálaí chráite idir an saol agus an tsamhlaíocht, idir an réaltacht agus an aisling.

'Is mé gabhar a tsléibhe
atá 'na chónaí ar bhruach na binne'.

'Ar an Imeall' a thugann sí ar an dán sin ina léiríonn sí an choimhlint idir saol scóipiúil na haislinge agus saol rialta na coitiantachta. Nuair a thigeadh taom den chinéal seo ar Mhac Grianna théadh sé amach go bruach na binne. 'Bainim an fhairsingeacht agus an t-uaigneas amach i gconaí', a dúirt sé. 'Bhí na tallannacha sin ag leanstan riamh dom. Is minic a thig filíocht astu. Apaíonn intinn agus anam an duine ar an fhairsingeacht agus san uaigneas'.

Is minic nach mbíonn san fhilíocht ach cúram gan chúiteamh. Tá súil agam go gcuirfidh an leabhair seo ar a súile do dhaoine, anseo agus i gcéin, an cumas mórchumhachtach filíochta atá i gColette Ní Ghallchóir. Is fada Gréagóir Ó Dúill, mo bhráthar i gcúrsaí na héigse ag moladh saothar na mná seo. Is annamh nach mbíonn bunús maith lena bharúil meáite siúd.

Seo Colette agus í ag cumadh cainte mar is dual dithe go cróga, go ceolmhar, go neamhghéilliúil.

Nuair atá an ghaoth láidir lúbaim
cromann mo cheann ar mo chosa
gidh gur tréan an ghaoth ní bhrisim
nó níor bhris go n-uige seo.

Cathal Ó Searcaigh
Achar An Dá Lá Déag, 2014

Introduction

It has taken a long time for women poets whether in Gaelic or in English to place themselves at the centre of Irish poetry. At the beginning of the twentieth century there were a number of compelling female poets, role models and foremothers: Katharine Tynan, Ethna Carbery, Dora Sigerson Shorter, Susan Mitchell and in Gaelic, Áine Ní Fhoghlú from Gaeltacht na Rinne and Úna Ní Fhaircheallaigh (Agnes O'Farrelly) from County Cavan. From the 1950s onwards they were discredited and mostly edited out of the canon. It was common, as Eavan Boland rightly points out, to shove women poets to the margins, to relegate and exclude them. Virginia Woolf once remarked that for most of history 'anonymous' was a woman.

Women were required to be accomplished in the domestic arts and to be capable child-bearers. They were to remain unselfishly subordinate, skilfully occupying the home domain but silent and invisible to the public sphere. They were not expected to be assertive or creative or a threat to any of the areas and disciplines traditionally dominated by men. They were much maligned by male commentators who depicted them as either sirens or shameless harlots, or else, conveniently lauded them as virtuous maidens and domestic goddesses. Fortunately, at least in the western world, more liberating times and the commitment of the feminist campaign has changed these perceptions and eased, somewhat, the severe constraints that silenced female creativity.

Now the female voice is at the heart of what is

happening in Irish poetry both in Gaelic and in English. The unfettered, instinctual, free spirit of the female is coming to the fore. Women poets are writing the Irish poem from a whole different psychic experience, from the five senses, from the four elements, from the seven deadly sins and, of course, from their own lovely wiles of allurement.

Máire Mhac an tSaoi, a daring diva of delight, is crucial to that change. She has had a major say in the reshaping of the Irish poem. Her debut collection, *Margadh na Saoire,* published by Sairseal & Dill in 1956 – and largely ignored at the time by our English-speaking literati – is an extraordinary achievement, a landmark in the history of poetry in this country. Intense and intimate, emotionally courageous, skillfully crafted, lucid and luminous, it is by far the single most important volume of verse published by any woman up to that time in Ireland. She has been a mentor, a mother, a role model to a whole new generation of challenging voices, male and female, who have been empowered by her liberating aesthetic. As a sign of admiration and approval she has translated two of Colette Ní Ghallchóir's most significant poems.

'Religion is for people who believe in hell; spirituality is for people who've been there'. They are the wise words of David Bowie, a man who has himself plummeted the depths but fatefully rose out of the dark gifted with song. Reading Colette Ní Ghallchóir's poems I get a sense that many of them come from a place of affliction. But, somehow, they have been redeemed and purified.

Her early upbringing was within sight of the Bluestack Mountains, an Irish-speaking area in the Donegal uplands famous for its storytellers and fiddlers. A lot of her early childhood was spent in her grandmother's house in the Glen of Glenties, a house noted for its music and its open door hospitality. Journeymen musicians like Johnny

Doherty, the virtuoso tinsmith fiddler, often visited and played on his occasional round of the Glen. For Colette that was a place of grace, a dominion of homely domesticity guided by her grandmother. Her beloved Glen was a green wooded nook of wonder.

However her childhood contentment was abruptly disrupted when her parents decided to leave this lovely sheltered glen and move to Gaothdobhair, her father's native place, forty miles away; a stony coastal area exposed to harsh Atlantic winds. This bleak treeless landscape unsettled her and left her grieving for her lost glen. The creative touch, it seems to me, empowered Colette to endure, to leave her anguish behind and to refocus her mind and her energies. Distilled out of that ferment of grief she made poems that are meaningful and uplifting. The walking wounded are the ones who give the most acute account of what it means to be truly alive.

Elegiac and grave these poems shun any sort of high-pitched shrill of suffering in flavour of a more subdued ordinariness of speech. Her artistry as a poet is embodied in that austerity. Imbued with a natural simplicity that seems at times elemental, these poems speak with the dazzle of raindrops trickling from the blackthorns of Gleann Mór on a spring morning. They are sibilant and fluent as a tongue of water murmuring among the stones of Abhainn Fhia:

DIÚLTÚ

Ní thig leo mé a chloí,
ní thig.
Brisfidh mé amach
mar fhéar ar thuí,
mar bhiolar ag fás ar chlasán,
nó, dála an ghabhair bhradaigh,
íosfaidh mé an féar glas
ar bharr na Screige go fóill.

REFUSAL

They will not stop me,
no.
I will break out
as grass grows
on thatch,
or cress
on a brook.
The day will come
when the greedy goat
will eat
the green grass on
top of Screig.

I'm struck by the verbal precision of her poems, their ability to be plain without being prosaic. She knows when to enrich the language of a poem and when to economize. In a lovely poem by the great American poet, Ted Deppe, he evokes Wittgenstein out in the wilds of Connemara talking to the crows and urging them: 'Look very closely before you think and, only then, if ever, speak!' That is Colette Ní Ghallchóir's *modus operandi*. When she speaks it is with great compression charged with a vivid fusion of word and image. An insight begot in silence and brought forth with clarity:

SMÉARA

Nuair a fheicim
sméara dubha ag lobhadh
ar na dreasógaí tráthnóna fómhair,
nó an sneachta ag cascairt,
'na dheoir agus 'na dheoir,
ar Thaobh an Leithid,
sílim gur ceart
géilleadh don ghrá i gcónaí,
is cuma cén áit, cén t-am, nó cén uair.

Berries

When I see
blackberries withering
on autumn afternoon brambles,
or the snow disperse,
drop by drop,
on Taobh an Leithid,
I believe one should
always surrender to love,
no matter where, or when the hour.

Colette is very responsible in her duty to language and careful about its integrity. I admire that. Denise Levertov stated somewhere that poets having language in their custody must recognize it as another form of life, a common resource to be cherished and cared for in the same way that we should show a responsible concern for the earth and its waters and its teeming life forms. She berated those would be poets who are irresponsible in their duty to language, irreverent about its dignity and careless about its integrity. This kind of poet, she said, is contributing effectively to the erosion of language just as the greedy farmer impoverishes the soil or the grabbing industrialist pollutes the rivers.

Colette Ní Ghallchóir believes firmly that it is her sacred duty to safeguard language; to prevent it from becoming debased and diminished. She wants to augment it, not deplete it. She knows full well that the task is even greater for a poet like herself writing in a threatened minority language. Urgency and accuracy is needed to rescue and to reclaim. In 'Mo Chóta', for example, which can be taken as a correlative for Gaelic – she gives it back its ancestral dignity by praising its expressive strengths and its guttural warmth.

As regards tradition Colette strives for a vigorous continuity between the past and the present. She allies folksong with new forms; she couples native fluency with a modern idiom. Exile, loss and a yearning for the beloved Gleann Mór of her early childhood is a theme that throbs like a raw nerve in her poems. Her family moved from the An Gleann Mór to Gaoth Dobhair, a short distance spatially but for the child it was overwhelming. She was uprooted from all that she knew and loved in a stable world and thrown headlong into a far-off, alien community. She has written poignantly about the loss of that edenic past and her longing to regain it even if it is in death:

FAOI NA FÓDA

Nuair a chuirfidh sibh mise
sa ghainimh mhín sin,
ní chloisfidh mise
fuaim an aigéin mhóir
ag lapadáil fá Ghabhla,
ach glór binn an Abhainn Fhia
ag crónán sa Ghleann.

UNDER THE SOD

When you bury me
in the fine sand,
I will not hear
the noise of the great ocean
lapping by Gabhla,
but the sweet sound
of the Owenea
murmuring in the Glen.

These poems 'An tAmharc Deireannach', 'Spiorad mo Chine', 'An Gleann Mór', although localised in their focus, have a universal appeal. They speak to everyone who has suffered the ache of separation and the anguish of exile. These poems and others like them – variations on the theme of exile – give us rare insights into the condition of displacement. Exile is a land off nostalgia where you fret about your home place in case it changes. That can be risky for the poet. Colette avoids any mawkishness about the past and yet writes poems that are emotionally demanding and heart-stunningly moving.

'You can't change the past', as Carlo Gébler says in *Father and I*, a memoir that maps out and shapes his failed relationship with his father, 'but with understanding you can sometimes draw the poison out of it'. That's what Colette did in her poetry. She has, somehow, managed to summon up a belief and a faith in the human heart to establish a dependable perspective in a world where perspective is adrift or missing:

SAILEOG

Nuair atá an ghaoth láidir
lúbaim
cromann mo cheann
ar mo chosa
gidh gur tréan an ghaoth
ní bhrisim
nó níor bhris
go n-uige seo.

WILLOW

When the wind blows
I bend down
I stoop so low
my head down to my toes
though the four winds blow
I do not break
unbroken, undaunted,
until now.

Although the backdrop to some of the poems is relentlessly bleak, the work itself is redeeming for it represents the spirit coming to terms with suffering.

In her poetry, Colette Ní Ghallchóir is also alert to the unjust realities of our society. There is a strong social engagement in these poems, a deeply committed stand against injustice and oppression. The unflinchingly realistic account of the rape and the loss of innocence of an altar boy in 'Roghnaithe' coveys with brutal clarity this heinous crime. 'Ar an Lagán' tells the nightmarish story of a woman caught in an endless cycle of poverty, childbirth and futility. Be it the Donegal of the past or the Somalia of the present the entrapment of poverty is still with us. This poem reverberates with that terrible truth and in its integral humaneness stirs in the reader a sense of pity and perhaps, even a more compassionate empathy with suffering humanity. 'Antain' is one of Colette's most powerful and resonant poems, a tragic story about the vicissitudes of exile in a poem that is intense and dramatic and where her feelings are palpably tangible, she laments the death of a man whose life has come to nothing; someone bedevilled by a wretched fate and now as a final inequity gets a lonely desolate burial in a foreign place far from his people's graveyard by the sea. This poem has the 'lyric cry' that Sorley McLean so much admired in a poem. That means a rare felicity of expression, the enduring clarity of the right words. In this poem we hear the Irish language voicing itself into the light with a lyrical self-assurance that is both encouraging and gladdening.

I know from Colette herself that two writers from her area have left a lasting impression on her and shaped, in no small way, the thrust of her work.

Patrick McGill (1890–1963), one of Donegal's foremost writers was born in the Glen of Glenties and from abject poverty rose to become a household name amongst the London glitterati. In a run of gritty novels – *Children of the Dead End* (1914) and *The Rat Pit* (1915) being the most popular – he depicted with unflinching realism the grim conditions of his people; their impoverishment, their discontent, their powerlessness. His most memorable characters are dispossessed, exiled outcasts, children of the dead end as he so aptly named these oppressed Irish immigrants. McGill's writing, because of its candid depiction of chronic alcoholism, violence and prostitution amongst the underprivileged Irish in Britain was condemned by a disapproving clergy at home who did not want to have such disquieting social issues aired in public. His courageous championing of 'the great oppressed' has always appealed to Colette's own sense of justice and her innate humanitarian instincts.

Colette is a great admirer of Madge Heron (1915–2002), a wonderfully-wayward poet from Fintown, a high-minded socialist and a native feminist who distained clerical authority and could not live under such a harsh repressive code of beliefs and so left her home for a more liberating life in London. Her daring, her high-seriousness, her fight for human dignity are all traits that appeal to Colette and they have been for her a shaping force and a source of inspiration. 'Ar an Imeall', 'Tiomna', 'Clog an Phobail' and 'Mo Bhealach Féin' attest to her own sense of rage and frustration at the limiting conventions of her community but they also bear witness and affirm her invigorating independence. Madge Heron who died in penury in London and whose poetry is sadly neglected would, I'm sure, appreciate and admire the continuing struggle for social justice expressed in these poems.

Colette has written movingly about relationships but she is at her best when she reflects and puzzles over the thwarted intimacies of love.

AN FEAR UASAL

Sleamhnaíonn tú chugam anois,
ar thrá, tráthnóna samhraidh,
do lámha thar mo choim,

do shúile dubha ag stánadh,
lán den fhuacht folaithe
a bhi i ndán dom.

Níos moille
agus duilleoga
ag titim ar ár ngrá,
thit an litir scoir
go fuarchúiseach
tríd an chomhla.

THE GENTLEMAN

You drift slowly towards me now
on a shore at the ebb of a summer's day,
your hands around my waist,
your black eyes staring,
full of the concealed cold
that was to be my fate.

Later as the autumn leaves
were falling on our fervour,
your farewell letter
fell indifferently
from the letter box.

An eloquent poem of mourning and memory. There are also poems like 'An Fear Mór' that hints at the darker, sinister, abusive side of relationships. In many of her poems she manages to compress large areas of human experience into short, succinct, sensitive insights. Sometimes they sparkle with a genuinely achieved wisdom:

STOCAÍ

Tá do ghrá
mar a bheadh stocaí olla,
te, tirim, anuas ar mo chorp,
ach, corruair, cuireann ribeacha
na holla tochas ionam.

STOCKINGS

Your love
is like woolly socks,
warm, dry next to my skin
but sometimes the ribbing
causes itching.

Colette is a well-versed epigrammatist. These self-effacing fragments have the power and the poignancy of haiku. Many of them are prompted by a mystical impulse and a daring sense of the numinous. They have the sublime ability to move us into wonder. 'They catch the heart off guard and blow it open' is a line by Seamus Heaney that aptly catches the power of the poems.

I'm delighted to play a part in putting this bilingual edition of Colette Ní Ghallchóir's poems into print. Her achievement in the Irish language is considerable and should be made known to a wider audience. Her standing amongst her contemporaries is shown by their willingness to translate her work. Here a range of finely honed, sensitive translations do justice to her measured insights, her accurate phrasing and her deft handling of painful social issues. Arlen House has been a source of encouragement and guidance from the beginning. Their beautifully designed, beautifully-published books are a joy to hold and behold.

Cathal Ó Searcaigh
Mín a Leá

6 January 2014

FAIRY TALE

Did you, like Yeats, see fairies?
You would not say, before you
could not say.

Was it a pact with their effervescence?
Were you scared? I need to know
what entered you.

Will you rise again, like Lazarus,
angry and silent and thrawing,
shunning us all?

Translated by Joan Newmann

Na Sióga i Lag na hAltóra

Dá dtiocfá ar ais,
chuirfinn ceist ort
faoi na sióga.

Cén áit go díreach
a raibh tú
nuair a chonaic tú iad?

An mó acu a bhí ann?
Fir nó mná?
Cén sórt éide a bhí orthu?
An raibh eagla ort?

An raibh tábhacht lena bhfeiceáil?
Ar chomhartha iad
den doineann a bhí romhaibh amach,
roimh bhur sliocht?

Ó, dá dtiocfá ar ais
bheadh fhios agat gach rud,
bheifeá ábalta
muidne a chur ar ár n-eolas fosta.

For Madge Herron

It's no wonder
you wouldn't come back

after all the prattle
about what you'd done
there'd be no great welcome

when you returned in the end
there was no blow given
to your broken body

nor any malicious talk;
death had sealed
your ears.

Translated by Gabriel Rosenstock

Do Madge Herron

Ní iontas ar bith
nach dtiocfá ar ais

tar éis a raibh ráite
i ndiaidh a ndearna tú
ní bheadh an fháilte mór

nuair a phill tú sa deireadh
níor ghortaigh aon bhuille
do chorp briste

nó aon chúlchaint
do chluasa
a bhodhraigh an bás.

Chosen

He saw you
at the back of the room
innocently shy.

You were the image
of what
he lusted after.

Your mother said
'no journey is too long
for God'.

The morning was wet and cold.
A long road on the old bicycle.

Your altar dress pulled down
over unwitting limbs.

Your mother said
'no journey is too long
for God'.

And they'd never understood
the place you'd been to.

How you couldn't ever,
really, make it back.

Translated by Kate Newmann

Roghnaithe

Chonaic sé thú
ag cúl an tseomra
bán cúthaileach.

Ba thú pictiúr
an té a bhí de dhíth
fána choinne.

Bhí an mhaidin fuar fliuch
agus b'fhada an turas é
ar do sheanrothar.

Dúirt do mháthair leat
'níl turas ar bith rófhada
ar son Dé'.

Tharraing tú do ghúna altóra
anuas ar do chorp
geanmnaí.

Ní raibh tú ag súil
leis an ionsaí
no níor thuig tú é.

No níor thuig tú
go raibh aimsir an tsonais thart.
Do shuaimhneas millte.

Níor aithnigh do mhuintir
an t-athrú i do ghnúis
nuair a phill tú abhaile

éignithe.

My Own Path

Let you not think
that I'm not at the market-place
because I do not
turn up in your enclosures.

Nor should you believe
that just because
our paths don't cross
that I am not on the move.

I do not travel
on your roads
or through your neck of the woods.

I do not tread in anyone's step
I like to follow my own path.

Translated by Máire Wren

Mo Bhealach Fhéin

Ná bí ag déanamh
nach mbím ar an margadh
cionn is nach dtreabhann mé
bhur gcuibhreann-sa.

Ná síl nach siúlaim
cionn is nach bhfuil mé
ar bhur gcosán-sa.

Ní bhím ag marcaíocht
ar bhur slí-sa
nó i bhfogas bhur gcrann.

Tá mo bhealach fhéin agamsa.
Is is é is ansa liom.

Going Back

The evening's soft rain
falls on this autumn medley
on the trees
that grow bare
two crows fly
from their nest
the last rose
blooms still
while I hurry back back again
while back is there.

Translated by Celia de Fréine

AG DUL SIAR

Titeann fearthainn bhog an tráthnóna
ar chuibhreann seo an fhómhair
lonraíonn tuar ceatha
ar na crainn
atá ag dul as bláth
dhá phréachán ag eitilt
as a gcuid neadracha
na rósanna deiridh
fós i mbláth
is deifre ormsa ag dul siar's siar
fhad is tá siar ann

MAINLAND

I'm on dry land now,
no longer will wet fish
go flying into my nets
the marsh is all mine now
and the stony terrain.
I'll go near
the sea horses
no longer.
The Stag Rocks
will have a whale of a time.

Translated by Gabriel Rosenstock

AR TÍR MÓR

Táim ar thalamh tirim anois,
ní bhuailfidh iasc fliuch
'n éadan mo líonta feasta
's liomsa anois
an riasc 's an screabán
ní rachad i ngaire
na gcapall farraige feasta
beidh saol socair
ag na Mic Ó gCorra
as seo amach.

The Hills

The hills hide behind each other
like children, shy
in the company of strangers.

I'd like to comb your tops,
examine your valleys
for their mystery,
for your hidden secrets.

But the path is too steep,
the journey too difficult.
I'll stay on the flatlands,
well below where your crags reach up to heaven.

Translated by Gréagóir Ó Ðúill

Na Cnoic

Tá na cnoic i bhfolach
ar chúl a chéile
mar bheadh páistí cúthaileacha
i gcuideachta strainséirí.

Ba mhaith liom bhur mbeannta a chíorú
bhur ngleannta a scrúdú
don mhistéir
is do bhur
rún diamhair.

Ach tá na cosáin róchrochta
an t-aistear ródheacair.
Fanóidh mé sna hísleáin
i bhfad ó pharrthas bhur screigeanna.

On the Lagan

You never strayed far from home
while young and innocent.

When married into hardship
babies began arriving
without relief.

A staple of bread and spuds
piled onto your figure
and he lost any interest.

You kept striving on
as your fair daughters
married into poverty,
moved into hovels.

Life never lightened
as the elder years gathered.
The times of sickness
laying you low
increased at sixty,
brought you to your passing
there on the long acre.

The very place
where you had slaved
as a young beauty
with ribbons in your hair.

They laid you to rest
on the steep side of the brae
which you had struggled to climb.

Translated by Denise Blake

Ar an Lagán

Níor thaistil tú i bhfad ó bhaile
tú óg gan chéill.

Phós tú bocht
thosaigh na páistí
ag teacht i dtoibinne.

Mhéadaigh na preataí
is an t-arán do thoirt
's gan mhoill chaill sé suim.

'S tú ag streachailt
chonaic tú do ghirseachaí fhéin
ag pósadh óg
iad bocht
'na gcónaí i ndrochthithe.

Ní raibh an saol ag bisiú
is an aois ag teacht
's na galair a d'fhágfadh sínte thú
in aois a trí scóir ag dul i méid
's tú do luí
ar bhóthar an acra fhada
áit ar sclábhaigh tú

ó bhí tú 'do
chailín dathúil
le ribíní in do fholt dubh.

Cuireadh tú ar thaobh na malacha
nach bhféadfá a thógáil.

WILLOW

When the wind blows
I bend down

I stoop so low
my head down to my toes

though the four winds blow
I do not break

unbroken, undaunted,
until now.

Translated by Máire Wren

Saileog

Nuair atá an ghaoth láidir
lúbaim

cromann mo cheann
ar mo chosa

gidh gur tréan an ghaoth
ní bhrisim

nó níor bhris
go n-uige seo

The Signing

I stood in line
ever closer to your bonhomie
with your readers – 'To Mary' –
'and this one?' – 'To Martha' –
you held your pen
over the title page,
marks that a spider might make –
your name; the date –
a spider, fallen into ink.

Translated by Joan Newmann

LEABHAR NUA

Thiomnaigh tú an leabhar domh.
Chuartaigh mé gach focal
fá choinne blúirín amháin dóchais.
Scrúdaigh mé an chamóg do do phóig,
an t-aitheasc dod ghrá.
Faraoir ní fhacas ach an lánstad.

THE HOMEPLACE

I couldn't stay whole
when you left.
It was not only
the damp in my skin;
the noiselessness of night;
no light.
Don't bring your sentimental
here to find me.
When you left, I left.
I'll never come to find you.

Translated by Joan Newmann

An Bhallóg

Táim im bhallóg anois,
mo bhallaí briste,
caonach ag fás
ar mo aghaidh,
mo shúile a bhí lonrach
dorcha,
mo dhíon titithe isteach.

Ná tar ar ais
'mo lorg
nó ní mise
an teach a d'fhág tú.
Níl ceol
ionam
ná
damhsa.
Ní aithneofá
mé.
B'fearr liom
dá rachfá tharam.
Ba leisc liom
tusa bheith ag amharc orm.

CARILLON

There is snow
and the sound

of a tolling bell.
There are sheep lost

in this cold.
And I am struggling

against the drifts
to find a place

out of ear-shot
of the chill clerics

where God is still
warm and breathing.

Translated by Kate Newmann

Clog an Phobail

Scairteann clog an phobail
trasna na n-ardán

an mhaidin Domhnaigh seo
i dtús na hAidbhinte

ach ní domhsa
a chuid ceoil.

Tá brat sneachta
ar na cuibhrinn

agus focla borba
ar an altóir

a fhágann
scartha amach mé

agus a chuireann
ó phobal go pobal mé

ag lorg áite
le mo Dhia a adhradh

Hobbled

She really didn't care
about his limp.

Her beauty was enough
to buoy them both.

There she was, in love
with all of him.

He couldn't let it be.
Couldn't walk into her arms.

He hobbled them both
with his terror

of her wholeness,
the maddening possibility

that she could run.

Translated by Kate Newmann

An Cruiteachán

Cruiteachán a bhí ann
ach ba chuma léi,

bhí sise dóighiúil go leor
don bheirt acu.

Cuma uirthise
go raibh sí an-tógtha leis,

cuma níos míshocra airsean
mar ní raibh fhios aige

cén uair a stopfadh
an spéirbhean ag cur suime ann.

Bheadh deireadh leis ansin,
na laethanta ag síneadh roimhe

an chruit ar a dhroim.

Spirits of My Clan

I hunt here in the hills
for traces of my forebears

they were pilgrims
through these glens

bringing sustenance
to those in poverty

assistance
gathering home the turf

provisions
for those in fierce hunger

I journey across
every mountain pass

between Glenhola
and Glenleheen

following every pathway
from Cnocknafarragh to Crocknasharragh

and although their tracks are gone
the spirits of my people

blow through the rowan trees
abundant with fruit.

Translated by Denise Blake

Spiorad mo Chine

Anseo i measc na sléibhte
cuartaím

coiscéimeanna
mo mhuintire

ar thuras tarrthála
sna gleannta

anás ag tabhairt tarrthála
ar lucht na hainnise

cuidiú
le lá mónadh a bhaint

nó bia a sholáthar
In am an ocrais

trasnaím gach bearna
sléibhe

idir Gleann hUalach
is Gleann Léithín

leanaim gach cosán
thar Chnoc na Searrach is Cnoc na bhFaircheach

ní thig liom bhur lorg a aimsiú
ach corruair aimsím bhur spiorad

ag séideadh tríd chrann caorthann
trom le torthaí

The Apple

Dear Adam
and Eve,
I have just planted
an apple tree
for both of you,
so when this world
is finished
and a new world is born,
you will have a tree
with the special apple.

Dear Eve,
you must promise
to present this apple
to Adam,
thus it will ensure
that you will bear the blame
for all your descendants' sins.

Translated by Denise Blake

AN TÚLL

Ó, a Ádhaimh
agus a Éabha,
chuir mé
crann úll daoibh inniu
nó
nuair a bheidh
an ré seo caite
agus saol úr á bhreith
beidh crann agaibh
fá choinne an úill.

Ó, a Éabha,
bí cinnte
go mbronnfaidh tú
an t-úll sin ar Ádhamh
sa dóigh go mbeidh
tú ciontaithe
as peacaí ár sóisear.

Weaving

We've let go
that tangle,

the cat's cradle
of wanting
and meeting

and marrying
and mourning;

that chromosomal
tapestry,
that tweed

and fleck,
that weft and warp

... a woman by lamp light
lettering out
her own destiny

in a missive
seeking marriage ...

we've let all that go,
the roof of the weaving-loft
fallen in,

the clothes of heaven,
the dreams –
our own,

we've buried them with you.

Translated by Kate Newmann

Fios

Bhí fhios agat
gach treabh
a bpréamh

d'aithneofá iad
lena ngile
lena ruaidhe

bhí fhios agat
leas-chlann
gach earráid'

scéala mná a
scríobh ag iarraidh
cleamhnais

anois tá gach dáimh
gach scéal
sa chill

Big Man

I saw him today,
the big man,
brass buttons on his blazer,
standing tall and noble –

a man who'd open
the door for a woman,
a man who'd stand up
when you came into the room –

a man who'd leave
a woman in trouble
if that suited him.

Translated by Gréagóir Ó Dúill

An Fear Mór

Chonaic mé inniu é
an fear mór,
cnaipí ar a sheaicéad,
é ard uasal,
fear a d'osclódh
doras do bhean,
fear a sheasódh
nuair a thiocfá
isteach sa chomhluadar,
fear a d'fhágfadh
bean i gcruachás
dá bhfóirfeadh sé.

On the Edge

I am the mountainy goat
that dwells on the edge of the peak.
I have eaten the ripest fruits of the field.
The farmer
sent his dog after me.
Now I'm at the edge
cut off
from the companions that deserted me
in my hour of need.
I eat blades of grass
that grow between rocks.
No one to come to my rescue.
Someday a shepherd will come
and count his sheep,
and, seeing my bones,
will keen me.
His tears will flow down the slope
and moisten the grass of the enclosed field
where I'm not allowed.
White daisies will spring up
when spring arrives
and, later in the year,
the purple heather of the mountain
where my bones whiten.

Translated by Gabriel Rosenstock

Ar an Imeall

Is mé gabhar an tsléibhe
atá 'na chónaí ar bhruach na binne.
D'ith mé na torthaí a ba aibí sa ghort.
Ghríosaigh an feirmeoir
a mhadadh ionam.
Tá mé ar an imeall anois,
scartha amach
ó mo chairde a d'fhág mé
in uair na cinniúna.
Ithim ribeacha féir
a fhásann idir na carraigeacha.
Ní thiocfaidh éinne i gcabhair orm.
Ach tiocfaidh aoire lá
ag cuntas a chaorach,
is cífidh sé mo chnámha,
déanfaidh sé mé a chaoineadh,
titfidh a dheora leis an bhinn,
fliuchfaidh an féar thíos sa chuibhreann
ghlas nach dtig liom dul ann,
fásfaidh nóiníní bána ann
i dtús an earraigh
agus anonn sa bhliain
fraoch corcra an tsléibhe
san áit a ghealfaidh mo chnámha.

Last Will and Testament

I made my will last night:
I leave my life to the wind –

I want her to rush me with her
to peace among the pines of Mín an Ghiúis.

I will my heart to the sea
to wash it clean

in the waters – none purer – around Inishkeel.
I leave my soul

to those who blame me
for the failings which they have themselves.

Translated by Gréagóir Ó Dúill

TIOMNA

Rinne mé mo thiomna aréir:
thug mé mo shaol don ghaoth –

ba mhaith liom go scuaibfeadh sí léi é
go háit an fhaoisimh i Mín an Ghiúis.

Thug mé mo chroí don fharraige
le go nífeadh sí é

sna huiscí fíor-ghlana fá Inis Caoil.
D'fhágas mo anam

acu siúd a chuireann a gcionta fhéin
I mo leith.

THE DEFENDER

He'll come yet,
your defender.

He'll make a wall between yourself
and the greatbig secularlifeworld.

He won't let a landsonwolf
or a fox near you.

He'll believe in your naive calm
and your voiceglory.

Translated by Rody Gorman

An Cosantóir

Tiocfaidh sé go fóill,
do chosantóir.

Déanfaidh sé balla idir thú fhéin
is an saol mór.

Ní ligfidh sé mac tíre
no sionnach 'do chomhair.

Creidfidh sé 'd shoineann
is 'do ghlóir.

The Bitter Truth

She wasn't suited to him
or to the intimate dinners
they had to host.

It wasn't her cooking
but she was far too fond of
the truth.

Maybe she would not say it
in words.
You only had to look

at her face
when a person was being pretentious.
Not good enough.

Translated by Áine Durkin

Tá an Fhírinne Searbh

Ní raibh sí fóirsteanach dó
ná do na dinnéaracha beaga
a bheadh le tabhairt acu.

Ní hé a cuid cócaireachta
ach bhí barraíocht dúil' aici
san fhírinne.

B'fhéidir nach n-inseodh sí
lena teanga.
Ní raibh agat ach amharc

ar a haghaidh
nuair a bhí duine ag ligint air fhéin.
Ní fhóirfeadh sin.

Cormac

Your voice
came to me
like an echo
that evening
when
we spoke.
Where you
in that region
that ties us
to the other world,
that passageway
of illumination?

Translated by Gabriel Rosenstock

Cormac

Bhí do ghlór
ag teacht chugam
mar mhacalla
an tráthnóna
sin nuair
a labhair
mé leat.
An raibh tú
sa cheantar sin
a cheanglann muid
leis an saol eile,
an dorchla sin
lán de sholas?

The Last Look

I will look for the last time
around, she said

on the ridge field
falling down from the scree

on the Owenea river
whispering by Silverhill

I would lie here and sleep
she said

but I must be
buried with him
at the mouth of the strand.

Translated by Máire Mhac an tSaoi

An tAmharc Deireannach

Bhéarfaidh mé an tamharc
deireannach thart, adúirt sí

ar Pháirc an Droma ag
titim anuas ón Screig

ar an Abhainn Fhia,
'
s í ag cogarnaigh le Cruach an Airgid.

Luífinn anseo go suan
adúirt sí

ach caithfidh mé a bheith
curtha leisean
i mbéal na trá.

Tony

Lonely
lonely
you are tonight, Tony
a long way from home.

Your bones that once were agile
stretched cold tonight
on a marble slab in Bristol.

He will be buried over there
said the radio
on the sod where he died.

His coffin will not be seen
winding westward
on the narrow way between the lakes
nor his people's people
lamenting him
in that graveyard by the bay.

He will be thrust down
in the cold clay of the strangers –

forgive him, God, his trespasses
and he will forgive you
his personality and his nature.

Translated by Máire Mhac an tSaoi

Antain

Uaigneach
uaigneach
thú anocht, a Antain
i bhfad ó bhaile.

Do chnámha a bhí aiclí tráth
sínte fuar anocht
ar mhairble i mBristol.

Cuirfear thall é
dúirt an Radio
ar fód a bháis.

Ní fheicfear a chónair
ag sníomh siar
ar bhealach cung na locha
ná muintear a mhuintire
á chaoineadh
sa roilig úd cois cuain.

Sáifear síos é
i gcréafóg fuar na gcoimhthíoch –

maith dó, a Dhia, a chionta
agus maithfidh seisean duitse
a phearsanacht agus a nádúr.

In the Garden of Apples

If I were young again
and you were young again
in the garden of apples,

I would give to you the reddest
apple on the bough.

Thunder would roar its way, out yonder,
between Achla Mór and Achla Beag:

but you and I would be happy
sharing the ripest apples with each other –
one by one.

Translated by Barbara Parkinson

I nGairdín na n-Úll

Dá mbeinn óg arís.
is tusa óg arís
i nGairdín na n-Úll,

do bhronnfainn ort
an t-úll ba dheirge
ar an gcrann

go bhfeicfinn
an solas,
mar lasair thintrí
i do shúile.

Bheadh fuaim
na toirní
amuigh adaí
idir na hAchlaí

's muidne,
ar ár suaimhneas
ag dáileadh na dtorthaí
b'aibí ar a chéile,
ceann ar cheann.

Farewell to the Glen

Farewell to the Glen of sorrow
and of curses.

The Glen of the dead cows
and us left without a sup of milk.

The Glen of emigration
on cold wintry mornings.

The Glen of death,
death that was undeserved.

The Glen of the battles
over boggy bad wetlands.
The townland only fit for grouse
that was bought for a half-guinea.
To you I bid my farewell.

Translated by Nuala Ní Dhomhnaill

Slán leis an Ghleann

Slán leat a Ghleann an bhróin
agus na mallacht.

Gleann na mba marbh
's muid gan bainne.

Gleann na himirce
maidin fhuar gheimhridh.

Gleann na mbás
an bás nár tuilleadh.

Gleann na gcath
faoi thalamh bhog bháite.
Baile na gcearc fraoigh
a ceannaíodh ar leathghine.
Mo bheannacht leat.

UNDER THE SOD

When you bury me
in the fine sand,
I will not hear
the noise of the great ocean
lapping by Gabhla,
but the sweet sound
of the Owenea
murmuring in the Glen.

Translated by Nuala Ní Dhomhnaill

Faoi na Fóda

Nuair a chuirfidh sibh mise
sa ghainimh mhín sin,
ní chloisfidh mise
fuaim an aigéin mhóir
ag lapadáil fá Ghabhla,
ach glór binn an Abhainn Fhia
ag crónán sa Ghleann.

The Lossbroken Egg

On the soundroadway
to Glashy
an afternoon in January.
I see the skullshell
lossbroken in smithereens.
No young bird
will dart
out of this now
but the wild birds
will swoop down
and eat
whatever's left.

Translated by Rody Gorman

An tUbh Briste

Ar bhealach
na Glaisí,
tráthnóna Eanair,
feicim an bhlaosc,
briste 'na smionagar.
Ní sciurdóidh
éan ar bith
as seo anois,
ach tiocfaidh
na héanacha fiáine anuas
agus íosfaidh siad
cibé atá fágtha.

ESCAPE

Can we slip away
from this place
before the lace curtains
of the neighbours fall?
Can we evade
the disapproving eyes
of those rabbits
hopping through the bogholes
on the boundary?
Can we say our goodbyes
to the backstabbing gossips
who are crushing our love
to death?
Or will we bury
this love somewhere
out near the old house
under a scraw of sorrow,
beneath a sod of hate,
in the hope that
the sweet flowers of spring
will grow from it again?
It will lie there peacefully
for ever and a day
until it sprouts
some time
as before:
without knowing,
without warning,
without welcome,
and without fruit.

Translated by Nuala Ní Dhomhnaill

Éalú

An dtig linn an baile seo a fhágáil
go dtí go dtiteann cuirtíní beaga na gcomharsan?
An dtig linn éalú ó shúile
coimhéadach na gcoinín sin
atá ag léimnigh tríd chaorán
seo na teorann?
An dtig linn slán a fhágáil
ag lucht na cúlchainte
atá ag brú bás ar ár ngrá,
nó an gcuirfidh muid
an grá seo
amuigh udaí ag áit an tSeantí,
faoi scraithe an bhróin,
faoi chréafóg seo an fhuatha,
é a chur síos
sa dóigh go bhfásfaidh
blátha bána an earraigh
aníos air,
luífidh sé ansin go suaimhneach
ar feadh na gcianta,
go dtí go bhfásfaidh sé arís,
lá éigin,
mar a d'fhás sé cheana,
gan fhios,
gan choinne,
gan iarraidh,
gan fháilte agus gan bhláth.

Thanks a Lot

I will eat the crumbs
that fall from the master's table.
He doesn't share them much
but the odd time he looks at me
and says:
'she is hungry'.
With that,
he rubs his little finger on the white tablecloth and
hands them
down to me;
but I keep looking
at the full meal he gets.

Translated by Frank Sewell

Buíochas

Íosfaidh mé na grabhrógaí
a thiteann ó thábla an mháistir.
Ní scaipeann sé mórán acu,
ach corruair bíonn sé ag amharc orm,
deireann sé:
'tá ocras uirthise'.
Leis sin,
scuabann sé a mhéar bheag thar an línéadach gheal,
agus síos leo.
Liomsa iad,
ach bím ag amharc
ar an bhéile bhreá atá aigesean.

Berries

When I see
blackberries withering
on autumn afternoon brambles,
or the snow disperse,
drop by drop,
on Taobh an Leithid,
I believe one should
always surrender to love,
no matter where, or when the hour.

Translated by Áine Durkin

Sméara

Nuair a fheicim
sméara dubha ag lobhadh
ar na dreasógaí tráthnóna fómhair,
nó an sneachta ag cascairt,
'na dheoir agus 'na dheoir,
ar Thaobh an Leithid,
sílim gur ceart
géilleadh don ghrá i gcónaí,
is cuma cén áit, cén t-am, nó cén uair.

JOURNEY

Border crossing,
laden with cumbersome baggage
not worth carrying from Monday to Friday,
longterm luggage weighing me down.
Though border guards root through them,
nothing off-loads.
I leave the bags open,
ripped,
wait to see if they attempt to
escape unknown.
I look at the view, by the way,
or at some stranger who catches my eye,
I don't wait for what won't come –
it will not come because
I don't expect it,
when I lift those bags again,
they are as difficult to shoulder
as a pile of stones on Bealach an Bhracháin,
or as a creel of turf from Mín na gCuiseog,
on a summer afternoon,
after the heat and toil of day.

I must live with them,
bear with them,
until I am laid on that soft sand
I don't want on my chest,
that sand that smothered my innocence.

Translated by Áine Durkin

TURAS

Trasna na Teorann
ag iompar bagáiste atá trom le hualaí,
nárbh fhiú a iompar ó Luan go hAoine.
Tá na málaí seo crochta ó mo dhroim le fada.
Cé go mbíonn gardaí na teorann ag rútáil fríofa,
ní éalaíonn ualach ar bith astu.
Fágaim na málaí foscailte,
scoilt iontu,
go bhfeicfinn an ndéanfadh
siad iarracht éalú gan fhios.
Bím ag amharc ar an radharc, mar dhea,
nó ar eachtrannach éigin a ghlacann mo shúil,
ní bhím ag fanacht leis an rud na dtagann –
an rud nach dtagann cionn is
nach mbím ag tnúth leis,
nuair a ath-thógaim na málaí sin,
bíonn siad chomh deacair a iompar
le ualach cloiche ar Bhealach an Bhracháin,
nó le cléibhe móna as Mín na gCuiseog,
tráthnóna samhraidh,
i ndiaidh teas agus masla an lae.

Caithfidh mé bheith beo leo,
iad iompar liom,
go dtí go síntear mé sa ghainimh mhín sin
nach mian liom ar mo bhrollach,
an ghainimh sin a phlúch mé 'mbláth na hóige.

Quenched Candles

The candles are quenched,
the welcoming over,
the fairy lights faded
as a season ends.

Each door closed
to the waifs of the world,
as the new year's troubles
knock upon the door.

Translated by Áine Durkin

LÁ FHÁIL STIOFÁN, '91

Tá na coinnle múchta,
an fáiltiú thart,
na soilse daite díomhaoin
i ndiaidh na féile.

Gach doras dúnta
ar dhílleachtaí an tsaoil,
's trioblóidí na bliana úire
ag cnagarnaigh ar an doras.

LOVE BETWEEN THE MOUNTAINS

I imagined
Cnoc Fola and Taobh an Leithid
falling for each other.

At twilight
they would reach out and touch.

But before I put pen to paper
they fell out –
and I had no poem to write.

Translated by Máire Wren

Grá Idir na Cnoic

Shamhlaigh mé
gur thit
Cnoc Fola agus Taobh an Leithid
i ngrá le chéile.

Le titim na hoíche
bhogfadh siad in éadan a chéile.

Ach, sular chuir
mé peann le páipéir,
thit siad amach –
chuir sin deireadh le mo dhán.

Divorce, 19th Century Style

'That is not the way
things are done
in this townland',
she said.

'Well, if it isn't', said he,
'then go and do it yourselves'.
And he had crossed Gleann Tornáin
before nightfall.

'How come you never told me', said I
to my father, 'that they had been separated for
a while'.
'You don't announce every news
in the papers', he said ...
'anyway, the end of the matter
is that he died here at home'.

Translated by Nuala Ní Dhomhnaill

Colscaradh na Naoú hAoise Déag

'Chan sin an dóigh
a bhfuil rudaí déanta
ar an bhaile seo',
a dúirt sí.

'Munab é', arsa seisean,
'déanaigí féin é'.
Agus thrasnaigh sé
Gleann Tornáin
roimh thitim na hoíche.

'Char inis tú domh', arsa mise
le m'athair, 'go raibh siad scartha tamall'.
'Ní chuireann tú an nuacht
uilig sna páipéir', ar seisean ...
'cibé scéal de,
fuair sé bás sa bhaile'.

STOCKINGS

Your love
is like woolly socks,
warm, dry next to my skin
but sometimes the ribbing
causes itching

Translated by Gabriel Rosenstock

Stocaí

Tá do ghrá
mar a bheadh stocaí olla,
te, tirim, anuas ar mo chorp,
ach, corruair, cuireann ribeacha
na holla tochas ionam.

THE GENTLEMAN

You drift slowly towards me now
on a shore at the ebb of a summer's day,
your hands around my waist,
your black eyes staring,
full of the concealed cold
that was to be my fate.

Later as the autumn leaves
were falling on our fervour,
your farewell letter
fell indifferently
from the the letter box.

Translated by Máire Wren

An Fear Uasal

Sleamhnaíonn tú chugam anois,
ar thrá, tráthnóna samhraidh,
do lámha thar mo choim,
do shúile dubha ag stánadh,
lán den fhuacht folaithe
a bhi i ndán dom.

Níos moille
agus duilleoga
ag titim ar ár ngrá,
thit an litir scoir
go fuarchúiseach
tríd an chomhla.

A Dream of the White-Headed Boy

You were lying here
on the side of the road
in your best Sunday clothes,
no surprise, and you gone
to Cloghaneely
among the big shots who wear silk.

The whole mountain was on fire
from Ardsbeg to Glen Hola.
Then you got up and tried
to fight with the flames,
making a door into the fire
(because that is where you were told you'd go).

Saint Peter cried out,
standing up
on the Hill of the Blessed,
'come over here, you rascal,
that is the fire of the hidden sinners'.

Translated by Nuala Ní Dhomhnaill

BRIONGLÓID DEN BHUACHAILL BÁN

Bhí tú i do luí ansin
ar thaobh an bhealaigh,
i do chuid eadaí Domhnaigh,
ní nach ionadh, agus tú
i gCloich Cheann Fhaola
i measc lucht an tsíoda.

Bhí an cnoc uilig trí thine,
ó na hArdaí go Gleann hUalach,
d'éirigh tú ansin, tú ag iarraidh
troid leis na drithleoga,
ag déanamh dorais le dul sa tine
(mar dúradh leat gur sin an áit a rachfá).

Scairt Peadar amach,
é ina sheasamh,
ar Chnoc na Naomh –
'gabh aníos anseo, a bhligeaird,
sin tine lucht na bpeacaí ceilte'.

THAT PLACE YOU ARE SO ALONE

Lying here in the hill field, I know
you are the mountain I cannot reach.
Long ago, in the marshes
I didn't care much for life or death.
The moment I saw you,
I knew, I would jump ditches, plough bogs
and steal you
from that place where you are so alone.

Translated by Barbara Parkinson

Caisleán an Uaignis

Is tusa mo Screig,
ní féidir liom tú a schroichint,
tá mé 'mo luí cloíte anseo
i bPáirc an Droma.

Fadó is mé ag na Domasaigh,
ba chuma liom beocht ná beatha.

Chonaic mé tusa.
Bhí fhios agam
go léimfinn thar chlaíocha,
go dtreabhfainn fríd scraith loingeach,
go ngoidfinn thú amach
as Caisleán an Uaignis.

THE FIDDLER

Grandmother waved
the white cloth.
Home.
By the door he sat,
tin shining in the summer sun.
Can-form he shaped it,
tapped with his fairy hammer.
Inside,
after the cans were made,
he took the fiddle.
Vincie came up the street,
a young man then,
fiddle under his oxter.
Encountered the master.
Until daybreak,
the song of the fiddle,
could be heard,
the tap tapping of shoes
on the floor.
Children fell asleep.
Wakened to
a vanished dream.

Translated by Celine McGlynn

An Fidleoir

Chraith mo mháthair mhór an bhraillín gheal
le hinsint dúinn pilleadh abhaile.
Bhí sé ina shuí ansin
ag béal an dorais
ag múnlú na gcannaí stáin.
Bhí grian gheal an tsamhraidh
ag déanamh scáthán de na cannaí.
Bhuail sé iad go héadrom leis an chasúr,
casúr na sióg.
Nuair a bhí na cannaí déanta,
isteach leis.
Tharraing sé air an fhidil draíochta sin.
Tháinig Vincie aníos an tsráid,
é ina bhuachaill óg scafánta,
a fhidil faoina ascaill.
Bhuaill sé leis an mhaistir.
Cloisim go fóill an ceol
's torann na mbróg ar na leacacha.
Idir sin agus maidin
thit páistí ina gcodladh.
Nuair a mhuscail siad
bhí an lá ag bánú.
Bhí deireadh go deo leis an bhrionglóid.

Return

They will never return
or ever come back
like the snow flakes
to the Screig.
Ghosts will arrive
to take their place
but they will not appear.
Don't keep waiting
for a knock on the door.
Or a letter in the post.
You will not receive a call
some dark winter's night
or even an e-mail
that isn't meant for spam.
Don't keep waiting sweetheart,
this will only bring despair
and pain that will never go away.

Translated by Denise Blake

Pilleadh

Beidh siad gan pilleadh
nó ní thiocfaidh siad arís,
mar a thig an sneachta ar an Screig.
Tiocfaidh taibhse éigin,
a ghlacfas a n-áit.
Ach ní thiocfaidh siadsan.
Ná bí ag fanacht
leis an chnag ar an doras
nó an litir sa phost.
Ní thiocfaidh glaoch
oíche dhorcha sa Gheimhreadh,
ríomhphoist
nach bhfuil ina bhruscar.
Ná bí ag fanacht, a chroí,
nó níl romhat ach an phian,
an phian nach féidir a fhuascailt.

Lost

On these cold days
blinded by rain

I search for your black locks
in a car that wends its way

along the bank
of Lough Swilly

or in the city
I hunt for your face again

among the crowds that pass
heads hung

so as not to see
my dark abandoned eyes.

Translated by Máire Wren

CAILLTE

Ar na laetha fuara seo
an fhearthainn mo dhallú

cuartaim do fholt dubh
i gcarr ar an bhealach seo

a shíneann síos
ar bhruach Loch Súiligh

nó ins an chathair
lorgaim do aghaidh arís

in sna sluaite a théann thar bráid
a gcinn crochta

ar eagla go bhfeicfeadh siad
mo shúile dorcha tréigthe.

Refusal

They will not stop me,
no.
I will break out
as grass grows
on thatch,
or cress
on a brook.
The day will come
when the greedy goat
will eat
the green grass on
top of Screig.

Translated by Nuala Ní Dhomhnaill

Diúltú

Ní thig leo mé a chloí,
ní thig.
Brisfidh mé amach
mar fhéar ar thuí,
mar bhiolar ag fás ar chlasán,
nó, dála an ghabhair bhradaigh,
íosfaidh mé an féar glas
ar bharr na Screige go fóill.

Silent Love

On this Autumn evening
I call over the moor to you
from the cover of Cnoc Fola
but you do not hear my voice.

There was a time
that our silence
was sufficient
to convey our love.

Now as the spring flowers
push their heads up
we both understand
love's ebb and flow.

Translated by Máire Wren

An Grá ina Thost

Ar an tráthnóna fómhair seo,
faoi scáth Chnoc Fola,
scairtim thar an chaorán chugat,
ach ní chloiseann tú mo ghlór.

Tráth dá raibh,
ba leor ár dtost
lenár ngrá dá chéile
a chur in iúl.

Anois agus blátha an earraigh
ag brú aníos orainn,
tuigeann muid beirt
borradh agus bás.

THE BIG GLEN

Precious jewel
in the treasure house of my memory.
Golden guinea
nestling in the breasts
of the Bluestacks.
Struck down by faery hunger
in the far east
I wouldn't spend you.
You will always be with me,
protecting me
from the wasteland
stretching ahead.

Translated by Nuala Ní Dhomhnaill

An Gleann Mór

Is seod luachmhar thú
i sparán mo chuimhne.
Gine órga thú
ina luí i mbrollach na gCruach.
Dá mbuailfeadh féar gortach
mé sa domhan thoir,
ní chaithfinn tú.
Beidh tú liom i gcónaí,
'mo shíorchosaint
ón screabán seo amach romham.

The Spark of Joy

When I lit the sparkler
long ago on the hearth,
I ran the house with it screaming with delight.
They scolded me,
but grandfather said,
'let her be,
let her be,
there is no use talking.
She will always light
any flame she wishes'.

Translated by Nuala Ní Dhomhnaill

Dealán an Aoibhnis

Nuair a las mé an dealan
fadó ar an teallach,
rith mé leis ar fud an tí
go háthasach.
Bagraíodh orm,
ach dúirt mo sheanathair leo –
'lig di, lig di,
níl gar a bheith léi,
lasfaidh sise i gcónaí
na dealáin is mian lei'.

My Coat

My coat
is an outworn cloakrag thing of the past
tidefull of the drizzle weed filth
of the roadway
and the mud of the secular life world.
But it's lined
with the finest silk
that ever covered the ridgeback of a prince.

Translated by Rody Gorman

Mo Chóta

Tá mo chóta
'na bhratóg chaite,
lán de shalachar
an bhóthair
agus clábar an tsaoil,
ach tá línín ann
den tsíoda is fearr
a chlúdaigh droim prionsa ariamh.

My Penance

You are
my pleasure
my meadow
and moor
my hill you are
and valley
sun on a summer's day
bathing Port Arthur in gold,
this sheet of snow
inside me
missing you.

Translated by Gabriel Rosenstock

Mo Éamha

Is tú mo phionós,
mo phléisiúr,
mo mhóinéar
agus mo phortach,
mo chnoc,
agus mo ghleann,
mo ghrian lá Samhraidh
ag soilsiú ar Phort Arthur,
's tú an brat sneachta seo
ar mo chroí
is mé 'd'éagmais.

Beltane in Beltany

You dowry ember spread
your moor turf
swell proudly
in front of me
on this bare turf-bankbog
here at Corveen,
big needy clumsy sods
reminding me
that my grate
will be missed empty
still afterwards again
this year.

Translated by Rody Gorman

Ag Scaradh Móna

Spréann tú
do chuid móna
go mórtasach
romham
ar phortach lom seo
an Chorrmhín.
Fóda móra anásta
ag cur i gcuimhne domhsa
go mbeidh mo ghrátasa
folamh
arís
i mbliana.

At the Market

I will walk with you again
through the market
looking for a watch
to count
the time
between us
the moments
cut from our life
the hours that part us.

Translated by Celia de Fréine

AG AN MHARGADH

Siúlfaidh mé arís leat
tríd an mhargadh
ag lorg uaireadóra
leis an am
a bhí eadrainn
a chuntas
na bomaití
á ngearradh denár saol
na huaireanta ár scaradh.

WAITING

When you place
the red penny
on my eyes,
confident,
am I,
of the light ahead.
My people's people,
on the other side,
waiting for me,
a Bluestack welcome
bright on their faces.

Translated by Celine McGlynn

Ag Tnúth Leis an tSolas

Nuair a chuirfidh sibh an phingin rua ar mo shúile,
bead ag tnúth leis an tsolas ag lonrú romham
's muintir mo mhuintire,
ag faire orm ar an taobh thall
a n-aghaidheanna ar lasadh le fáilte na gCruach.

Missing

His broken heart
he took with him.
Never looked back
at the majestic hills.
Never heard
deep in the glen
the sweet strong
voice of the river
ever murmuring.
Years going
from place to place,
where he was unknown,
away from the British.
He could not be found
when his parents died.
Ordered that word
be sent when he passed.
It was.
He was buried over.

Translated by Celine McGlynn

Ar Iarraidh

Thug sé leis a chroí briste
tar éis ar tharla,
níor amharc sé ar ais
ar na cnoic mhaorga,
níor chuala sé
an abhainn ag síor chanadh
lena glór binn bríomhar
thíos sa ghleann.
Ar feadh na mblianta
rith sé ó áit go háit,
ag spailpíneacht
don tSasanach,
i bhfad ar shiúl ó áiteacha ar a thaithí
agus ó dhaoine a d'aithneodh é.
Ní raibh teacht air nuair a d'éag an tsean phéire.
D'fhág sé le huacht
scéal a chuir abhaile nuair a bheadh deireadh leis
agus cuireadh.
Ach adhlacadh thall é.

Rún Buíochais

Ba mhaith liom mo bhuíochas a thabhairt do Chathal Ó Searcaigh, gan é ní bheadh an leabhar seo i gcló. Do Arlen House, Clár na Leabhar Gaeilge. Caitlín Ní Ghallchóir a rinne an ealaín. John Ó Donnell agus Anne Boyce a rinne an clóscríobh. Do Ghréagóir Ó Dúill. Padraig Ó Snodaigh a chuir dhá leabhar i gcló domh; *Idir Dhá Ghleann* agus *Na Sióga i Lag na hAltóra*. Do Chló Iar-Chonnacht a chuir i gcló ar dtús mé sa *Chéad Chló*. Do na filí uilig a rinne aistriú ar na dánta domh. Joan Newmann, Kate Newmann, Máire Mhac an tSaoi, Máire Wren, Nuala Ní Dhomhnaill, Áine Durkin, Denise Blake, Rody Gorman, Gabriel Rosenstock, Gréagóir Ó Dúill, Frank Sewell, Celine McGlynn, Celia de Fréine agus Barbara Parkinson. Do Selina Guinness agus Bloodaxe a chuir roinnt de mo dhánta i gcló sa bhéarla. Do Nuala Ní Dhomhnaill a roghnaigh mo chuid oibre faoi choinne *The Field Day Anthology of Irish Writing*. Do Joan McBreen, eagarthóir *The White Page*. Thomas Rain Crowe a chuir mo shaothar i gcló in *Writing The Wind*. Gréagóir Ó Dúill a chuir i gcló mé i *Fearann Pinn*. Do Rody Gorman agus *An Guth*. Do eagarthóirí *The Echoing Years*. Do na hirisí uilig a chuir i gcló mé, *Comhar, Feasta, An tUltach, Metre, The Honest Ulsterman, Poetry Ireland Review, Irish Pages, Force Ten.* Do Radio na Gaeltachta a chuig cuidiú domh go minic. Buíochas.

Faoin Údar ¦ About the Author

Colette Ní Ghallchóir has published two collections of poetry, *Idir Dhá Ghleann* agus *Na Sióga i Lag na hAltóra.*